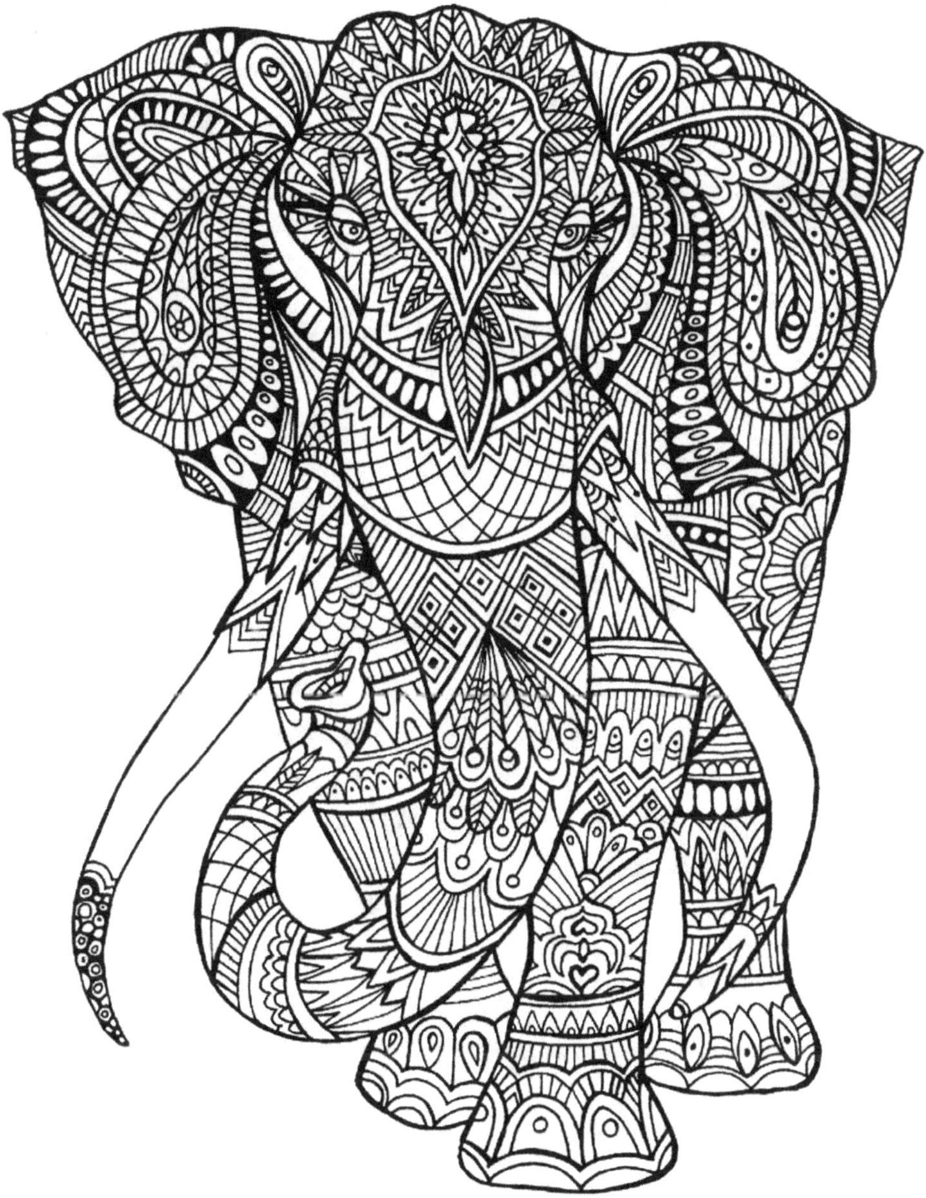

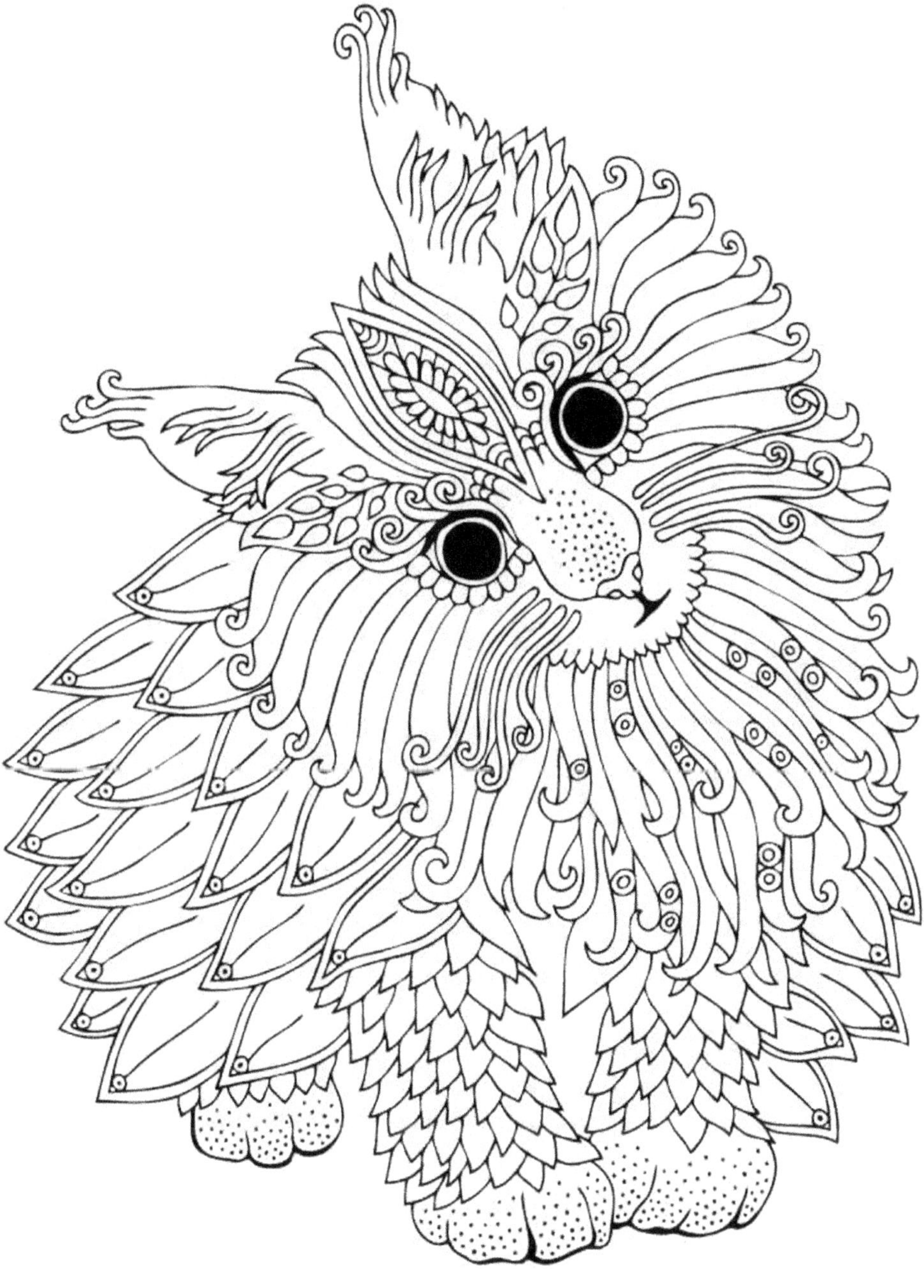

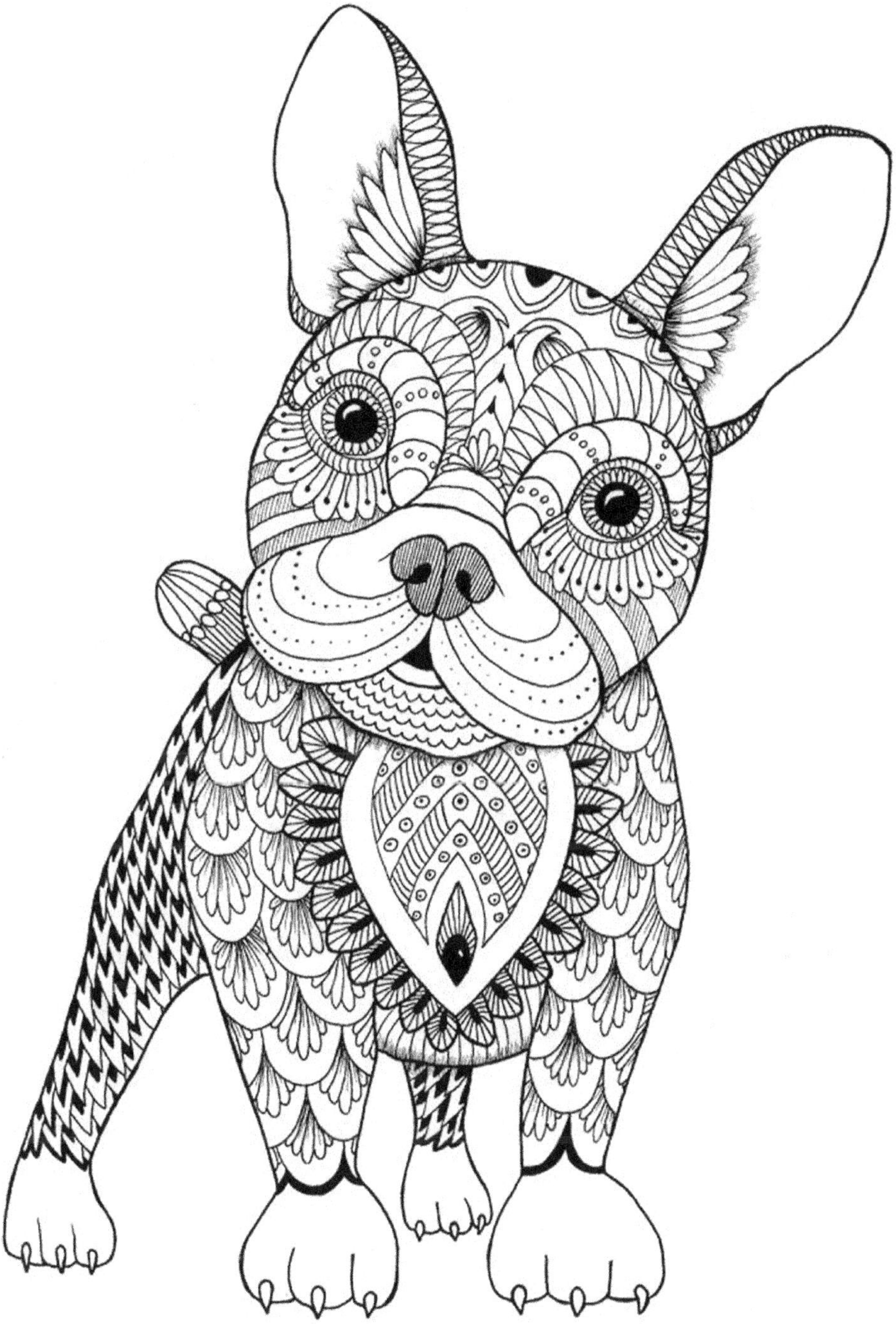

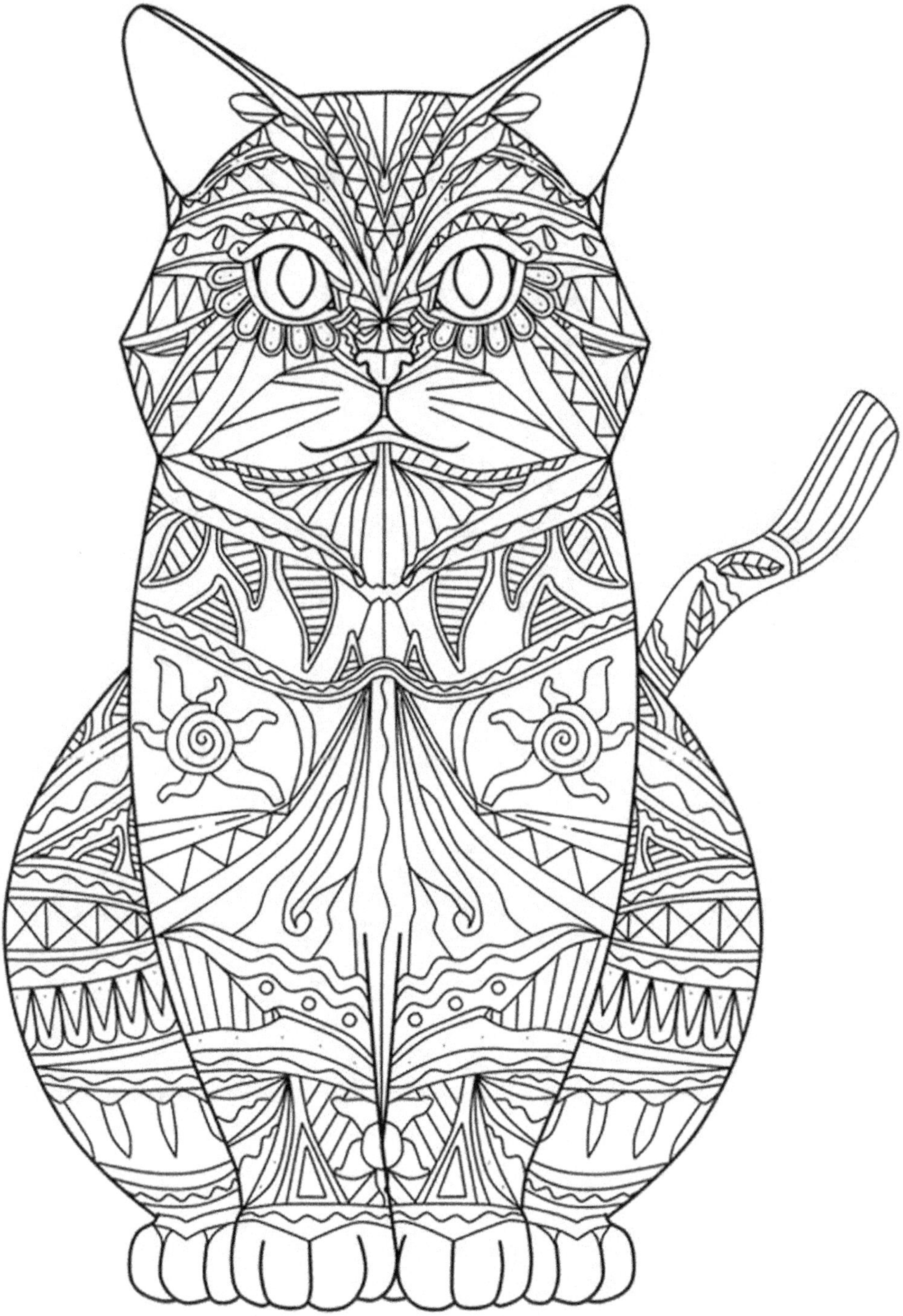

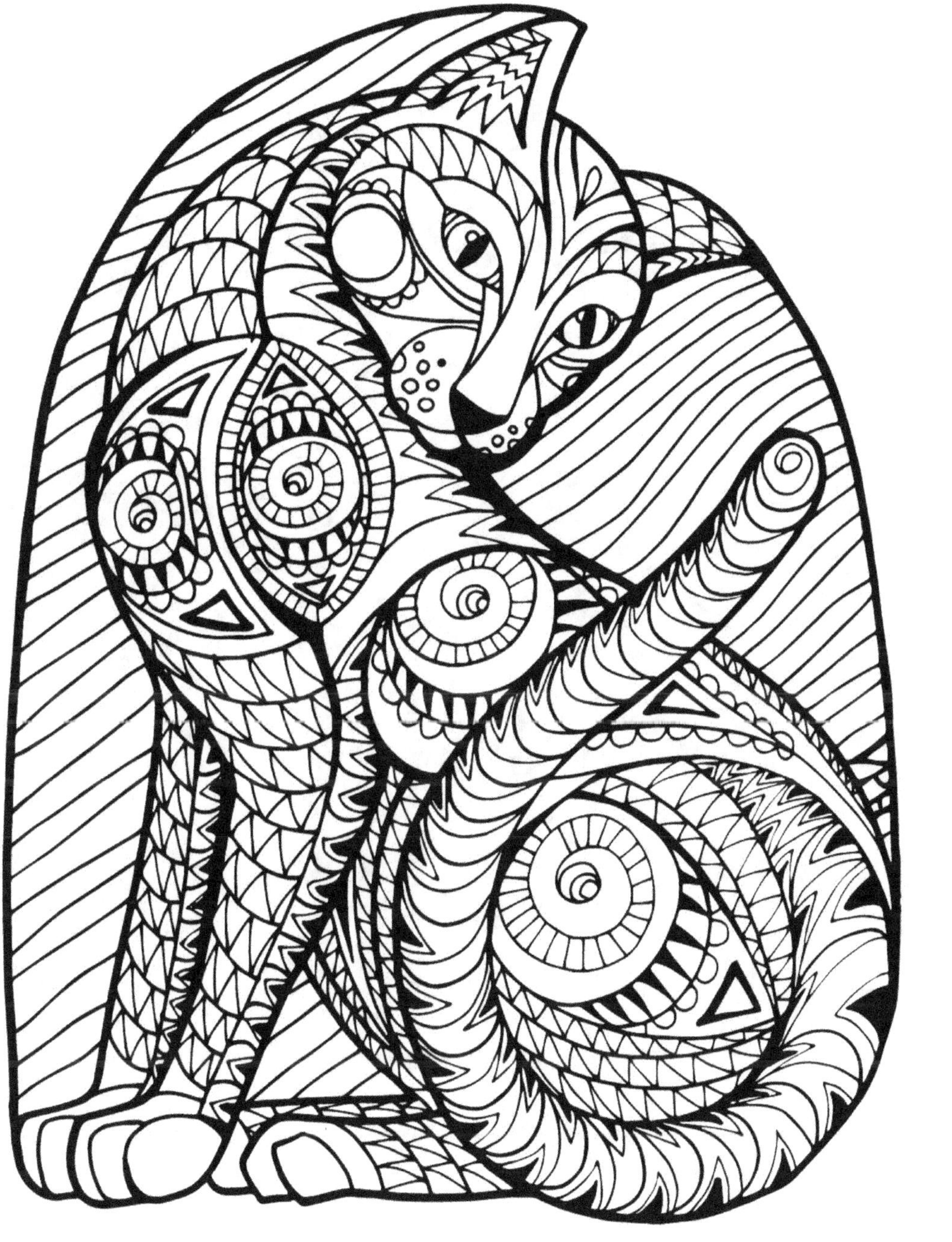

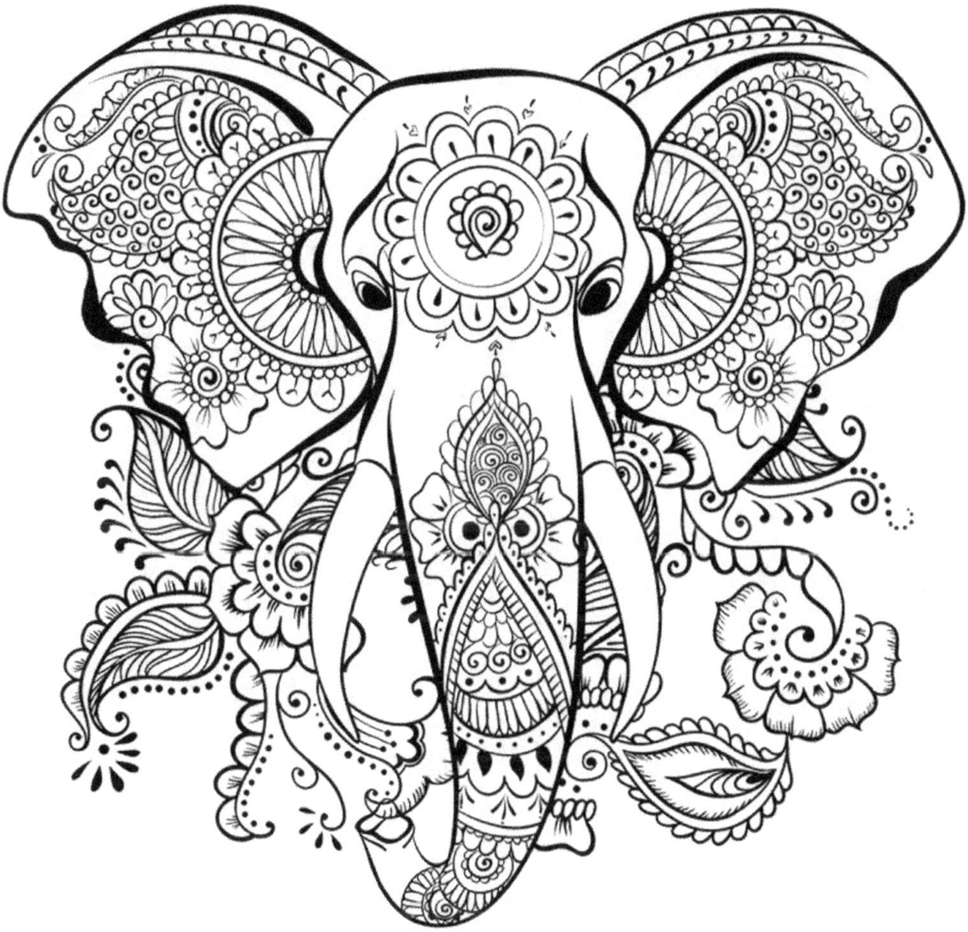

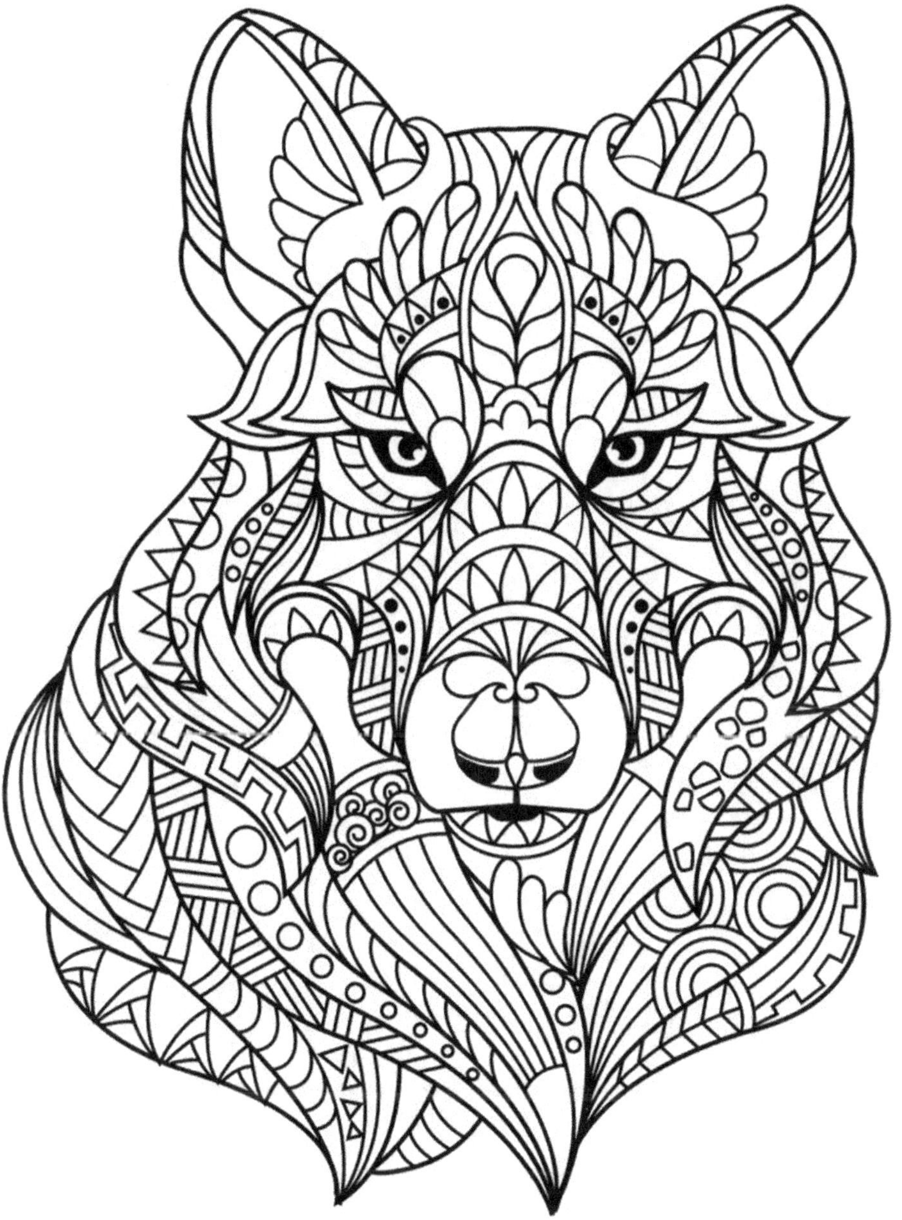

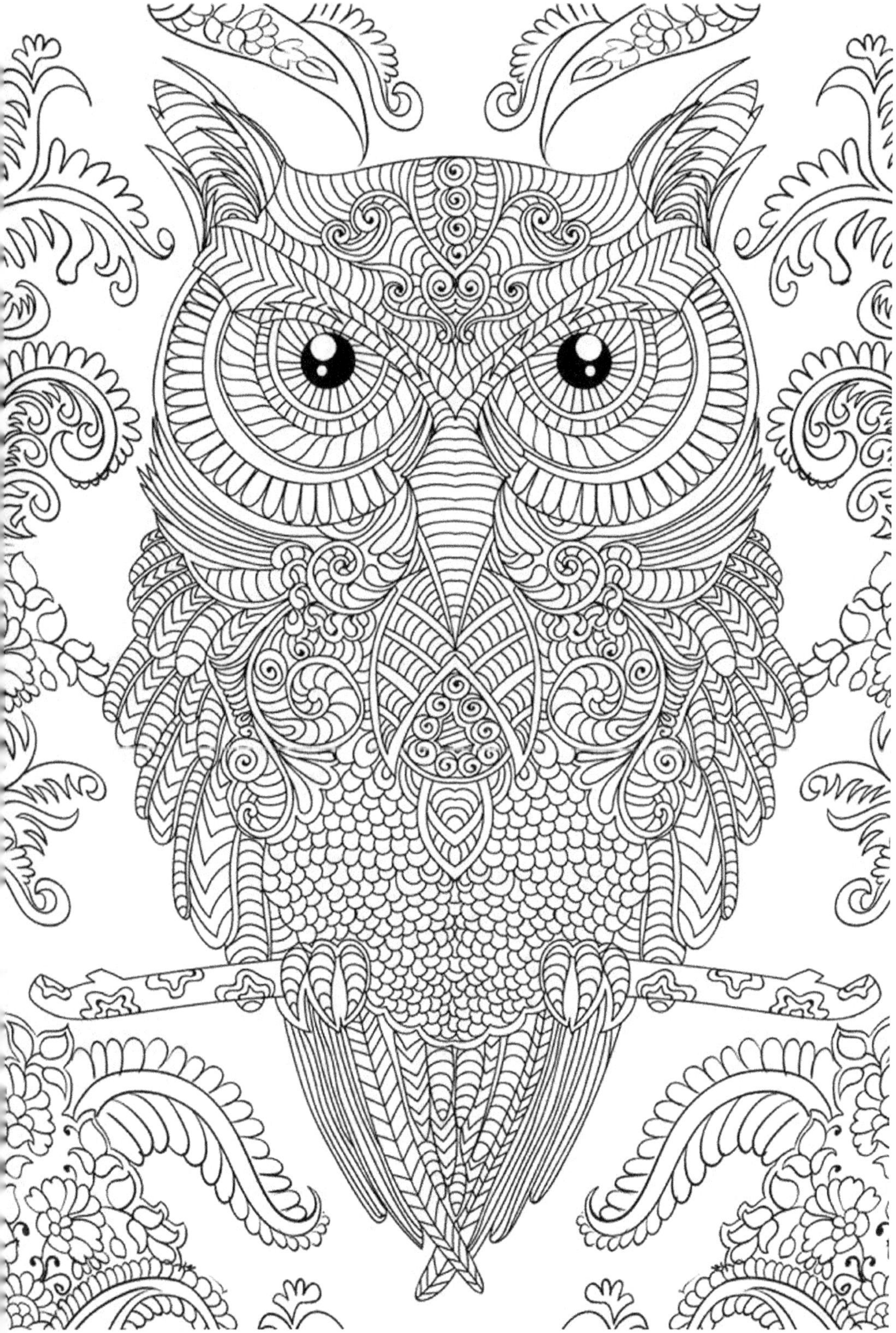

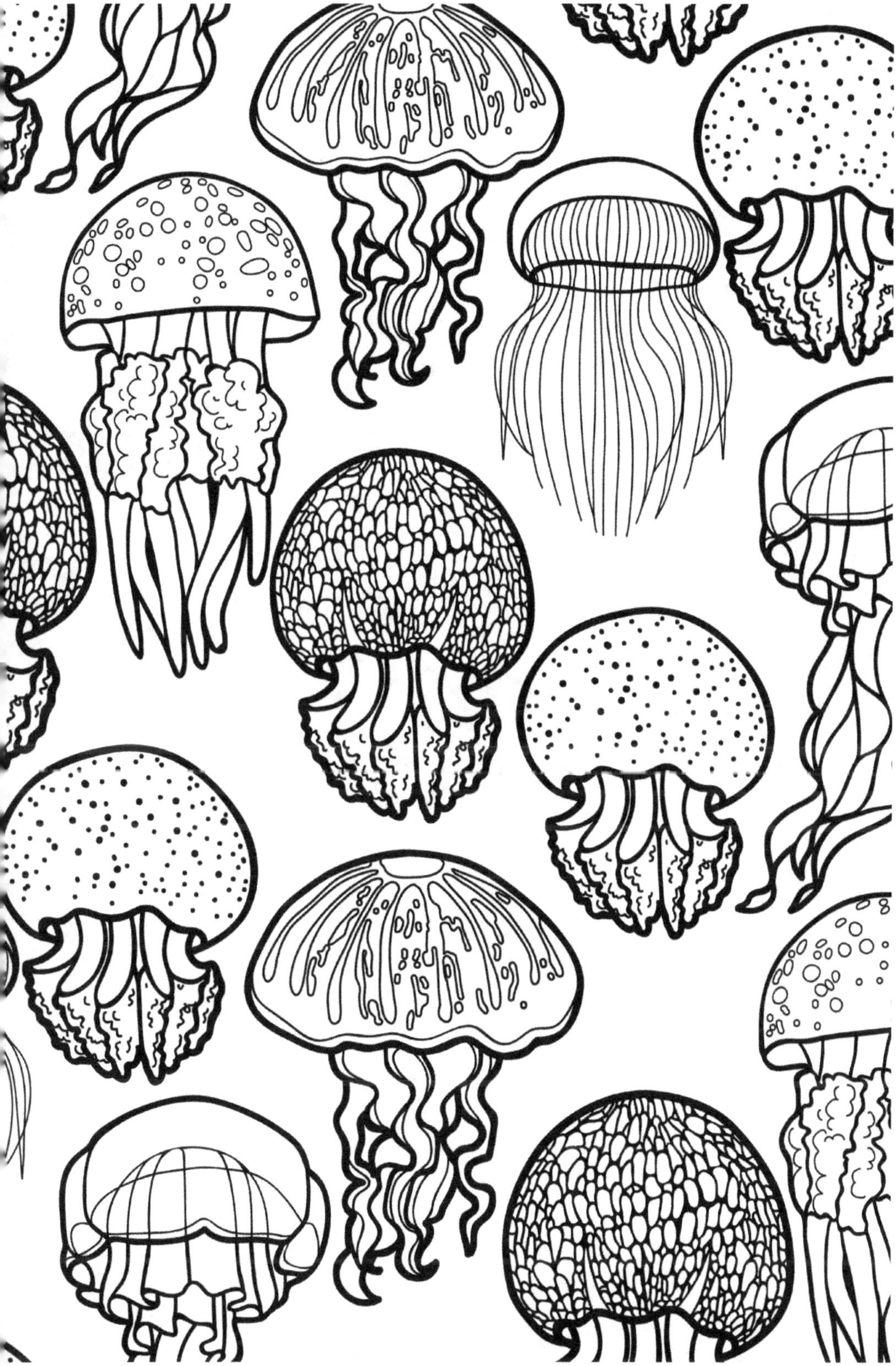

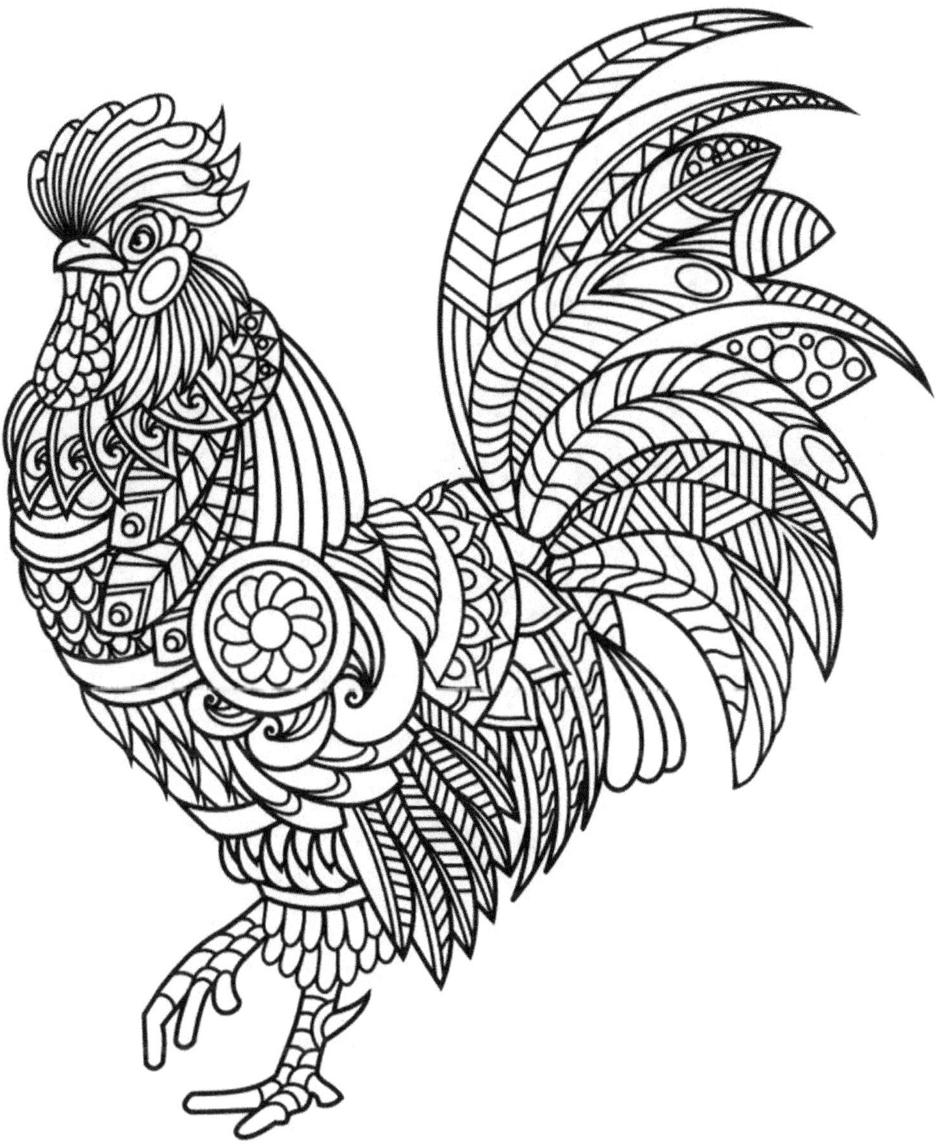

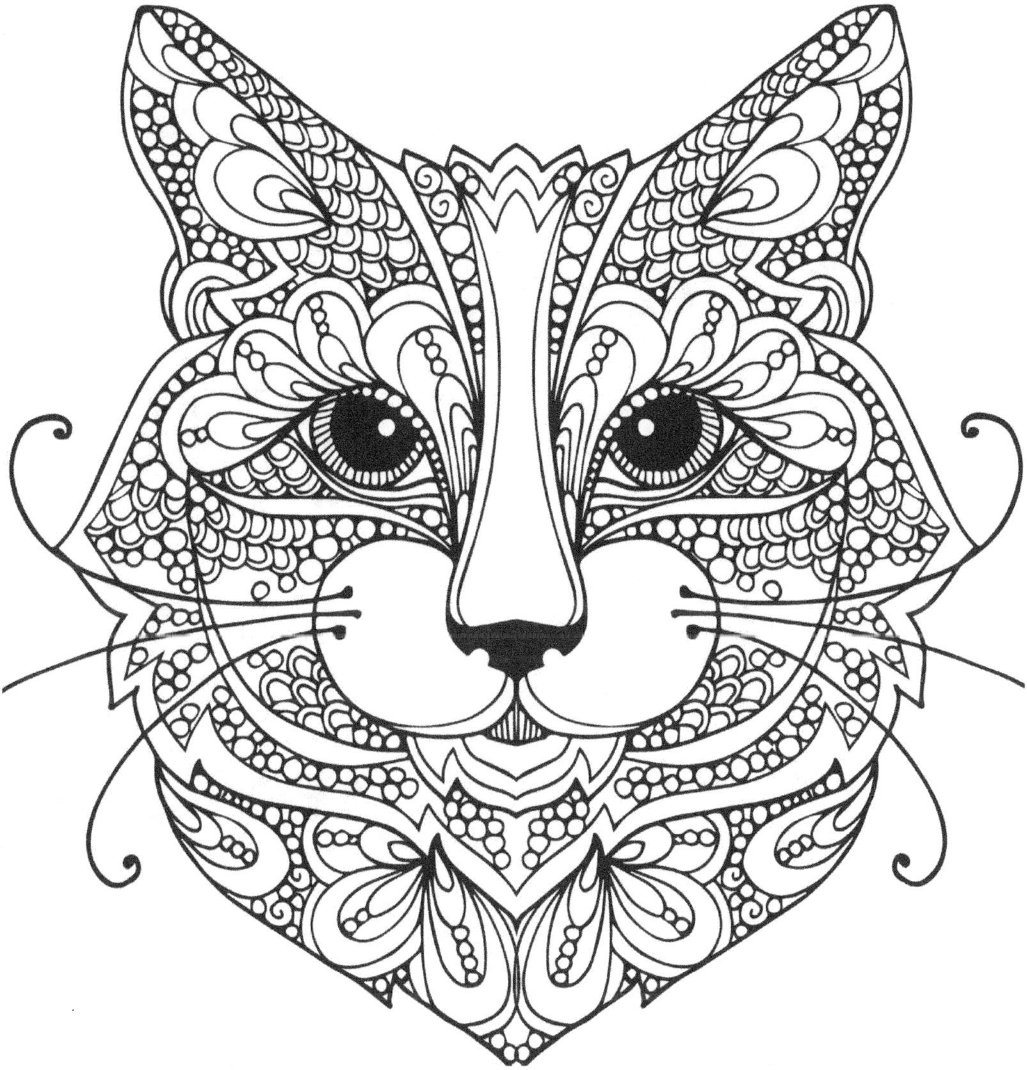

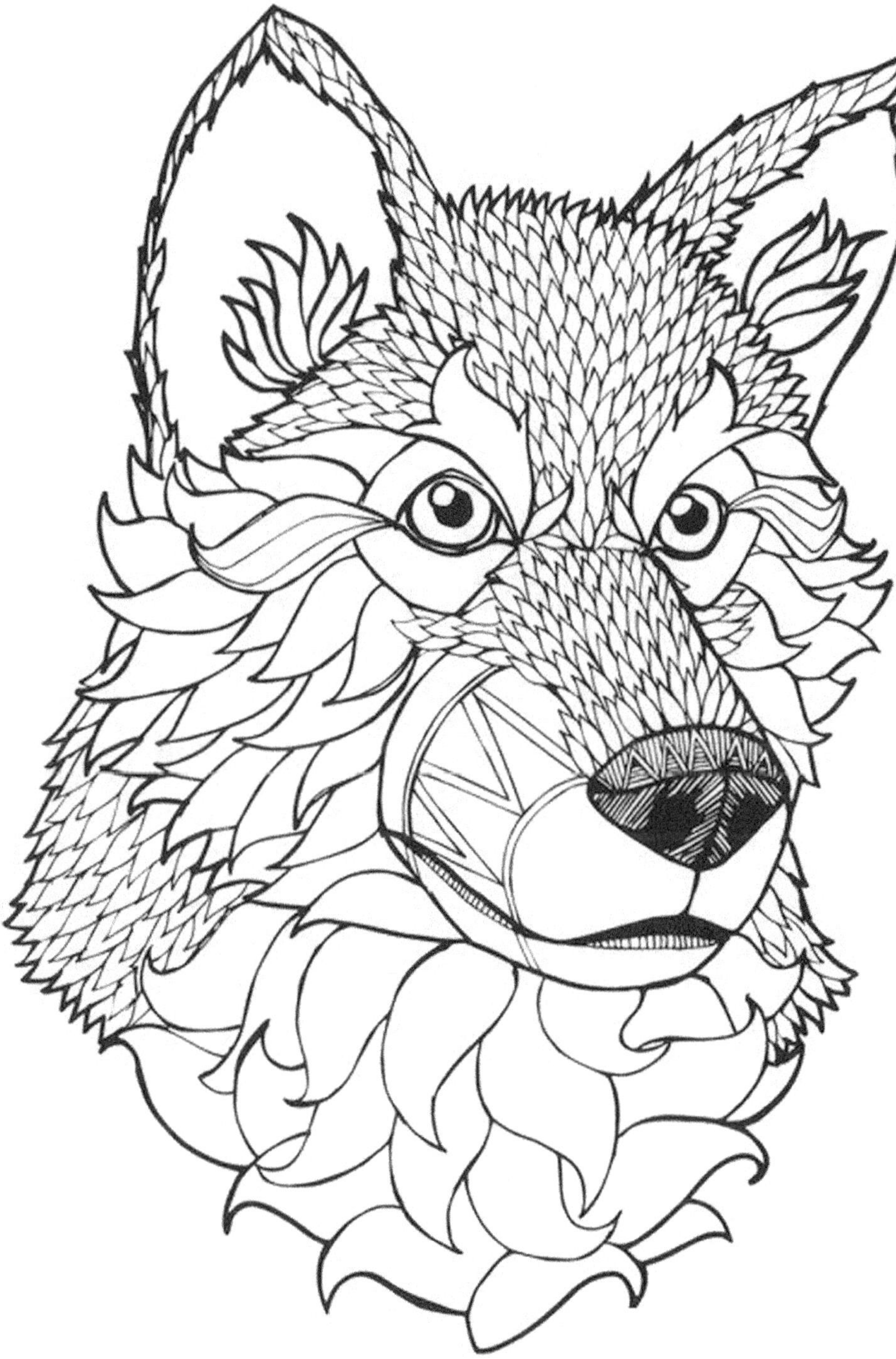

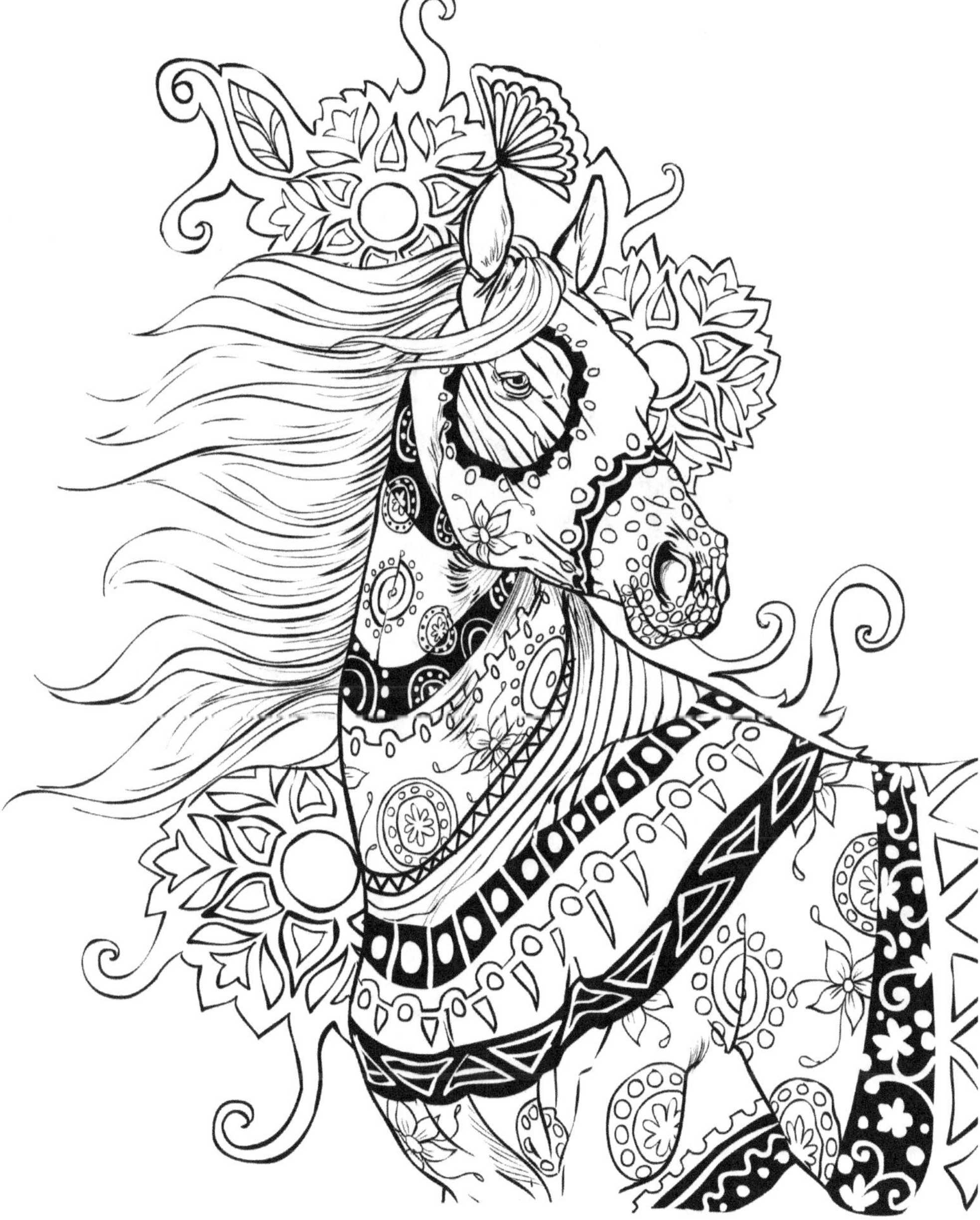

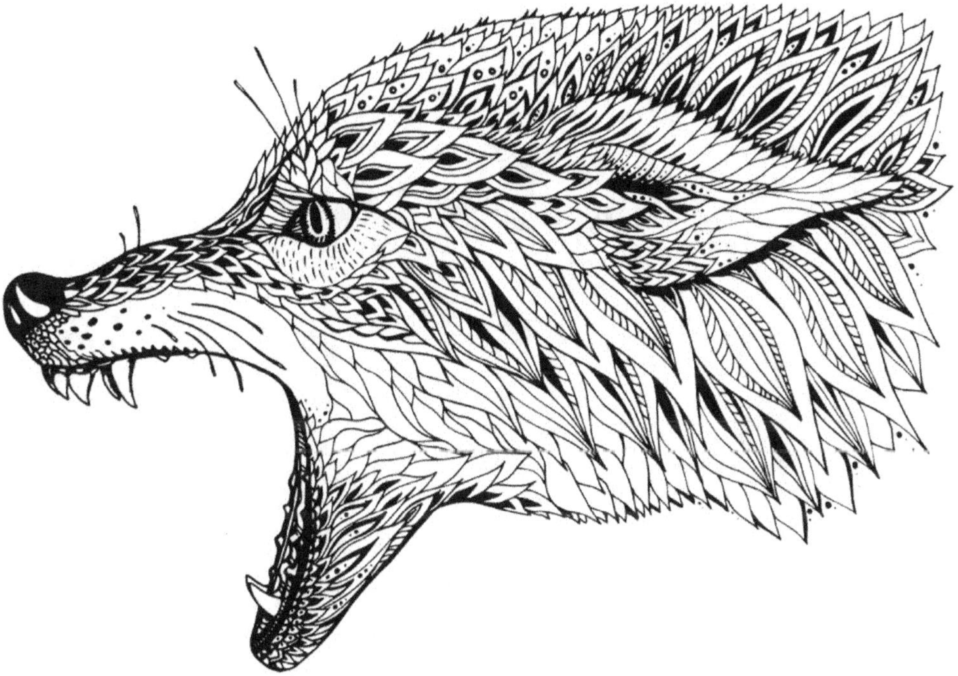

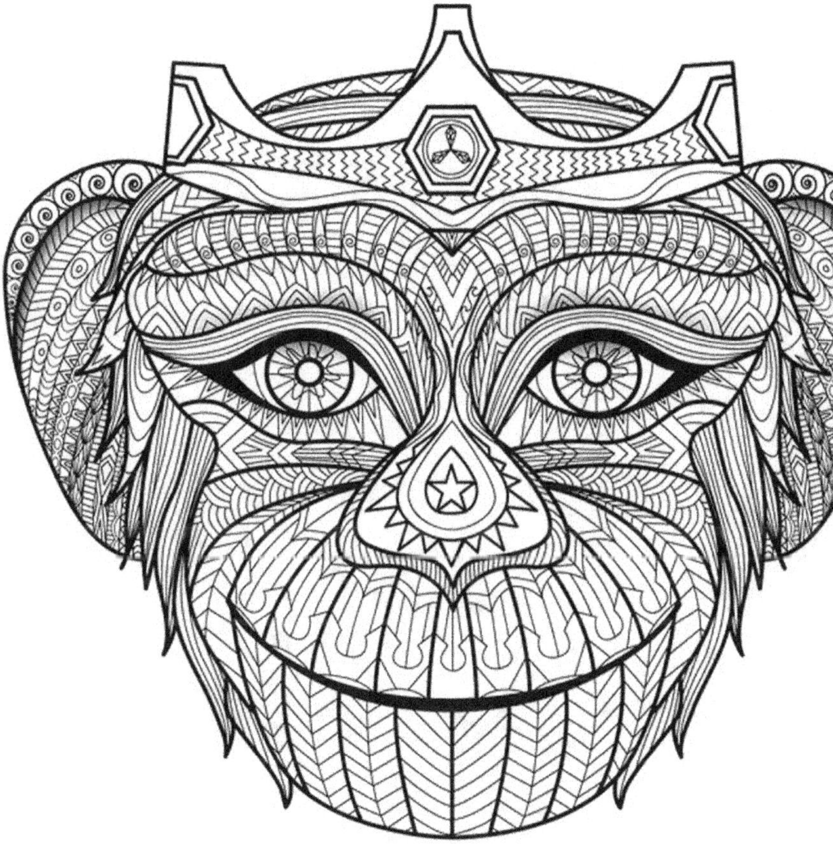

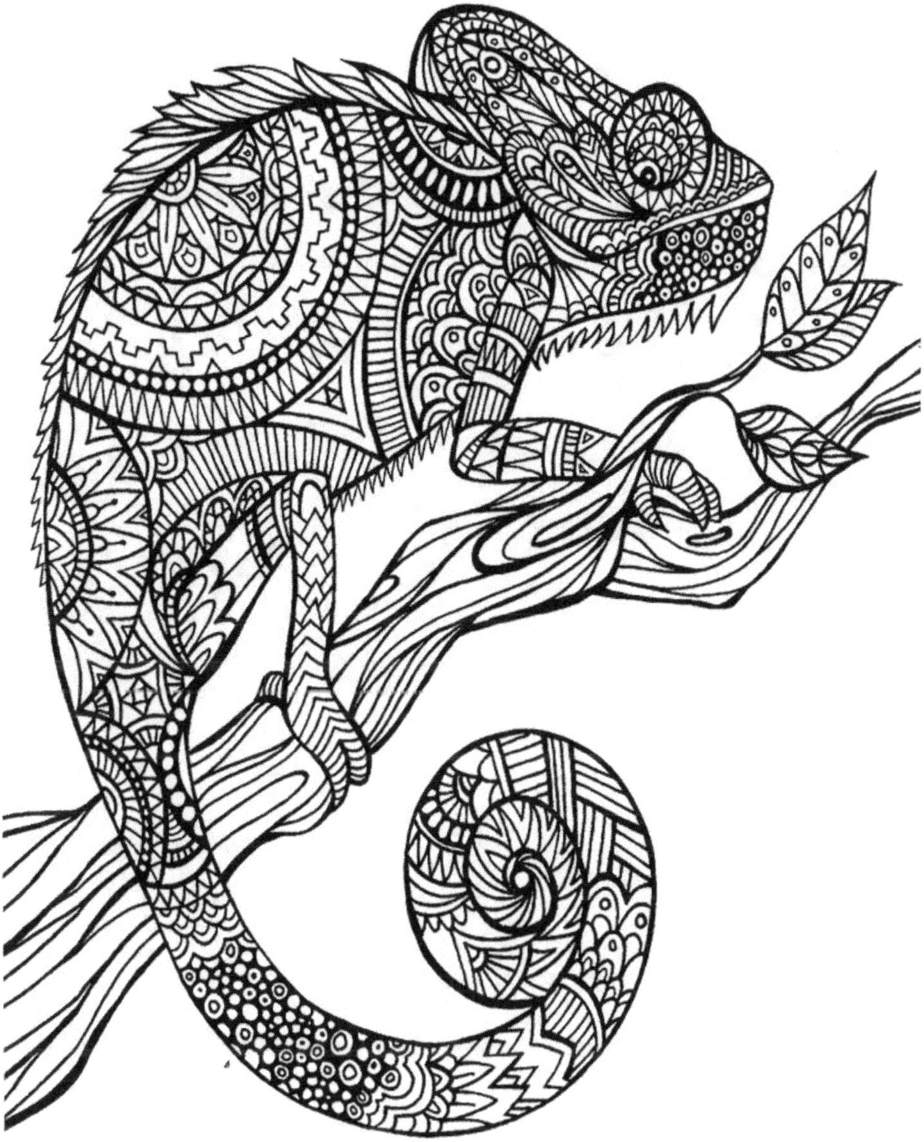

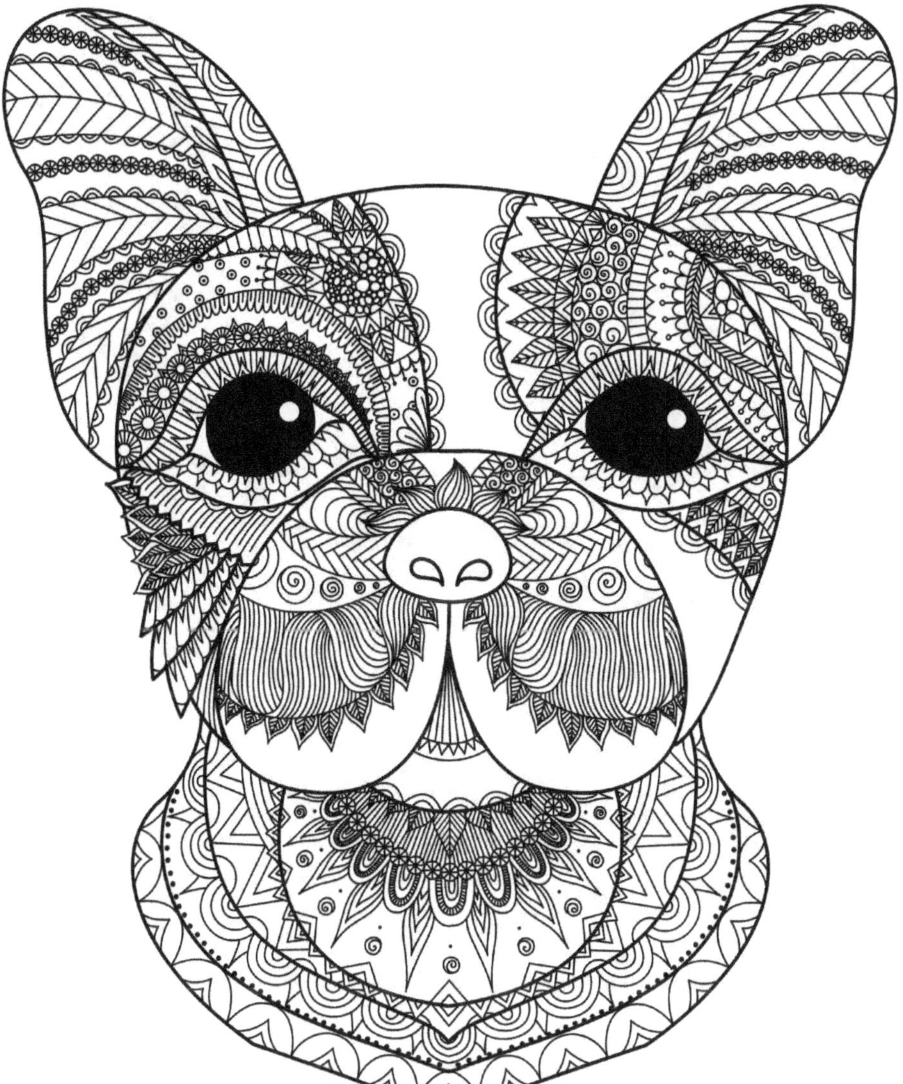

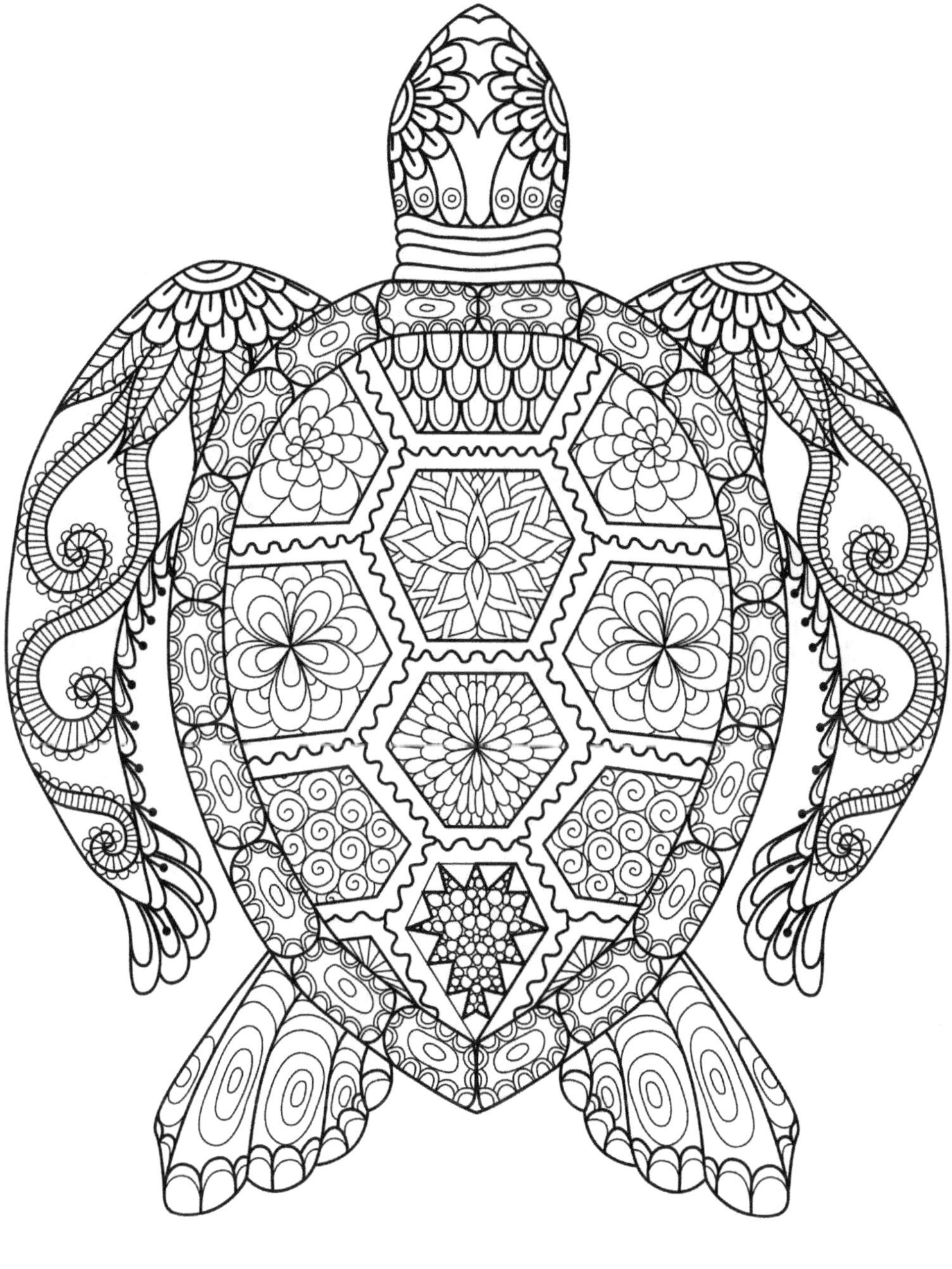

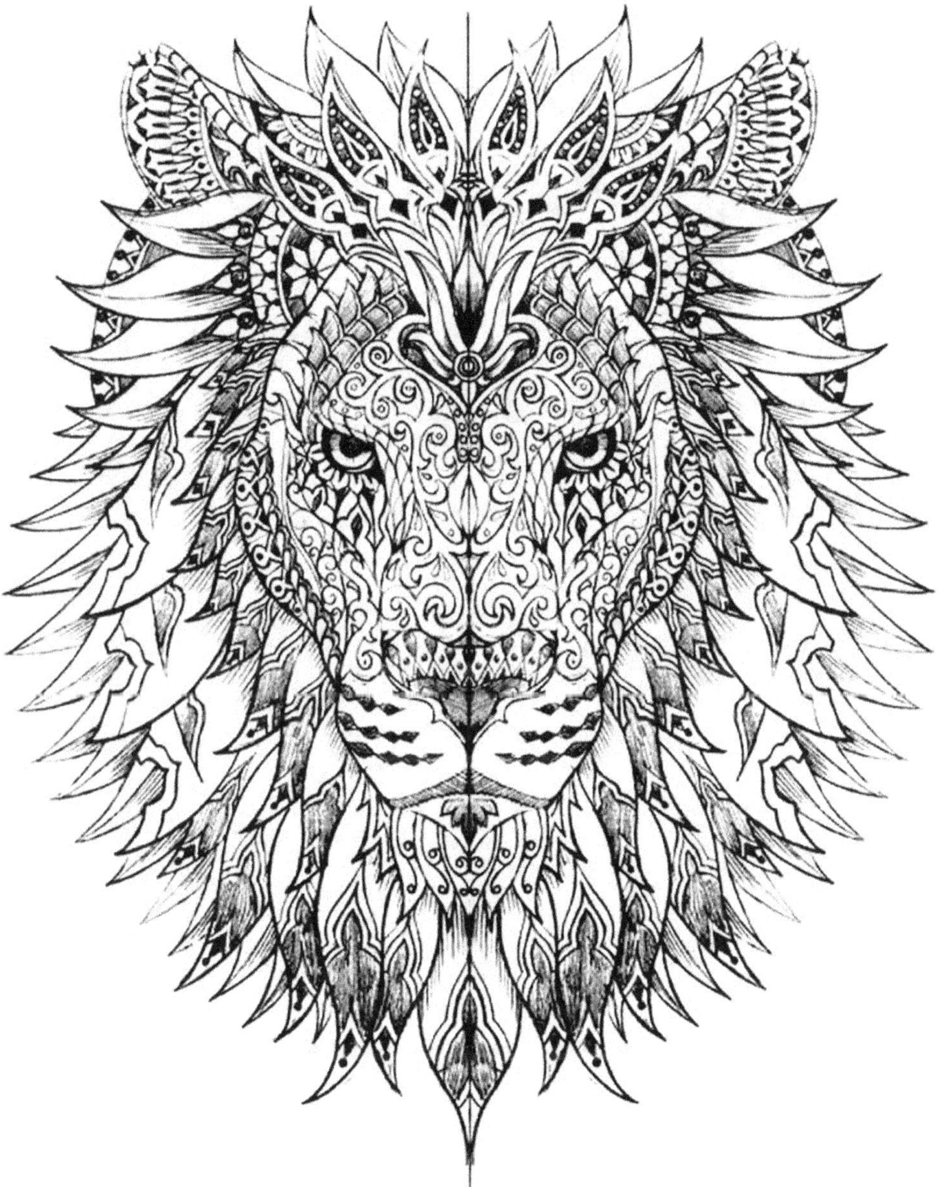

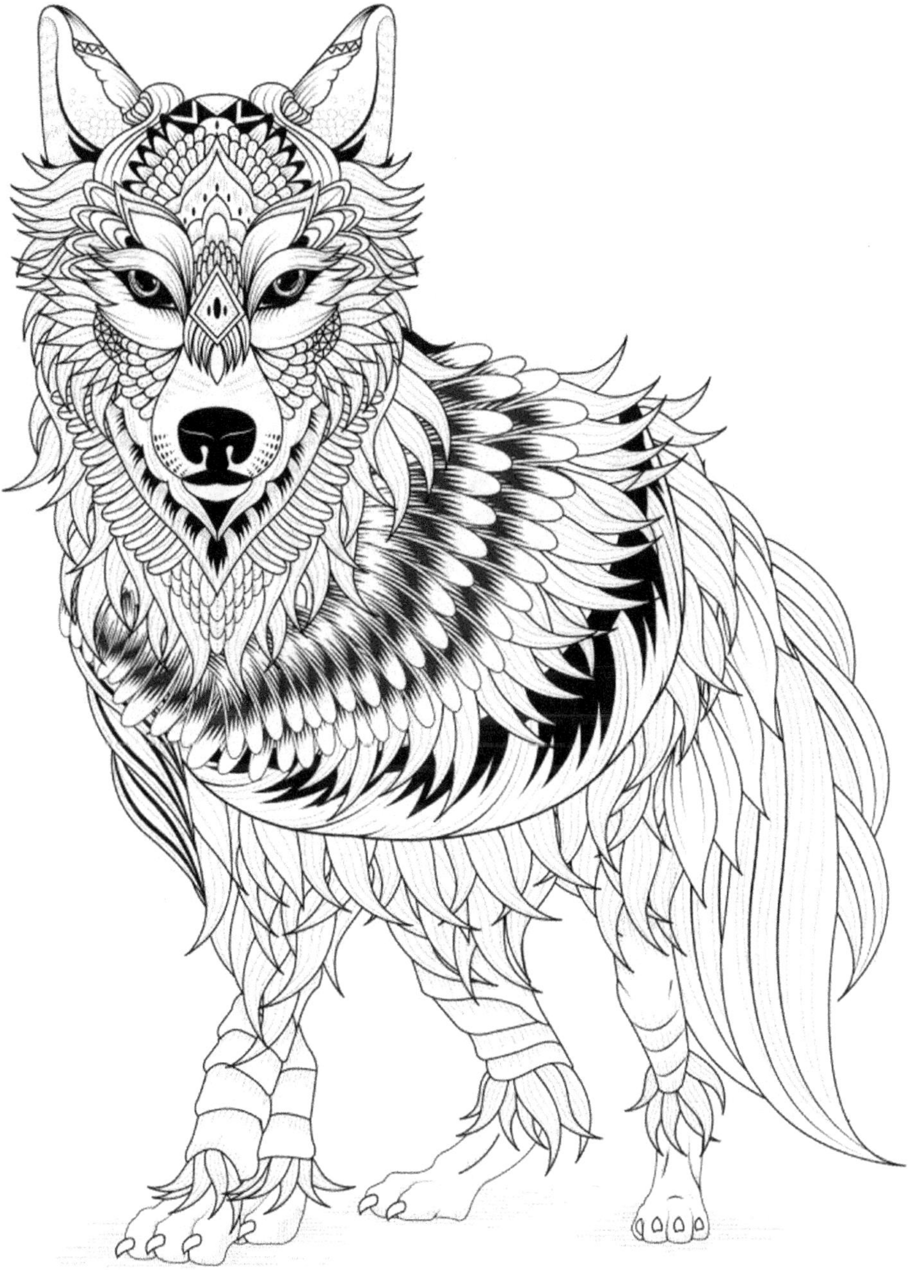

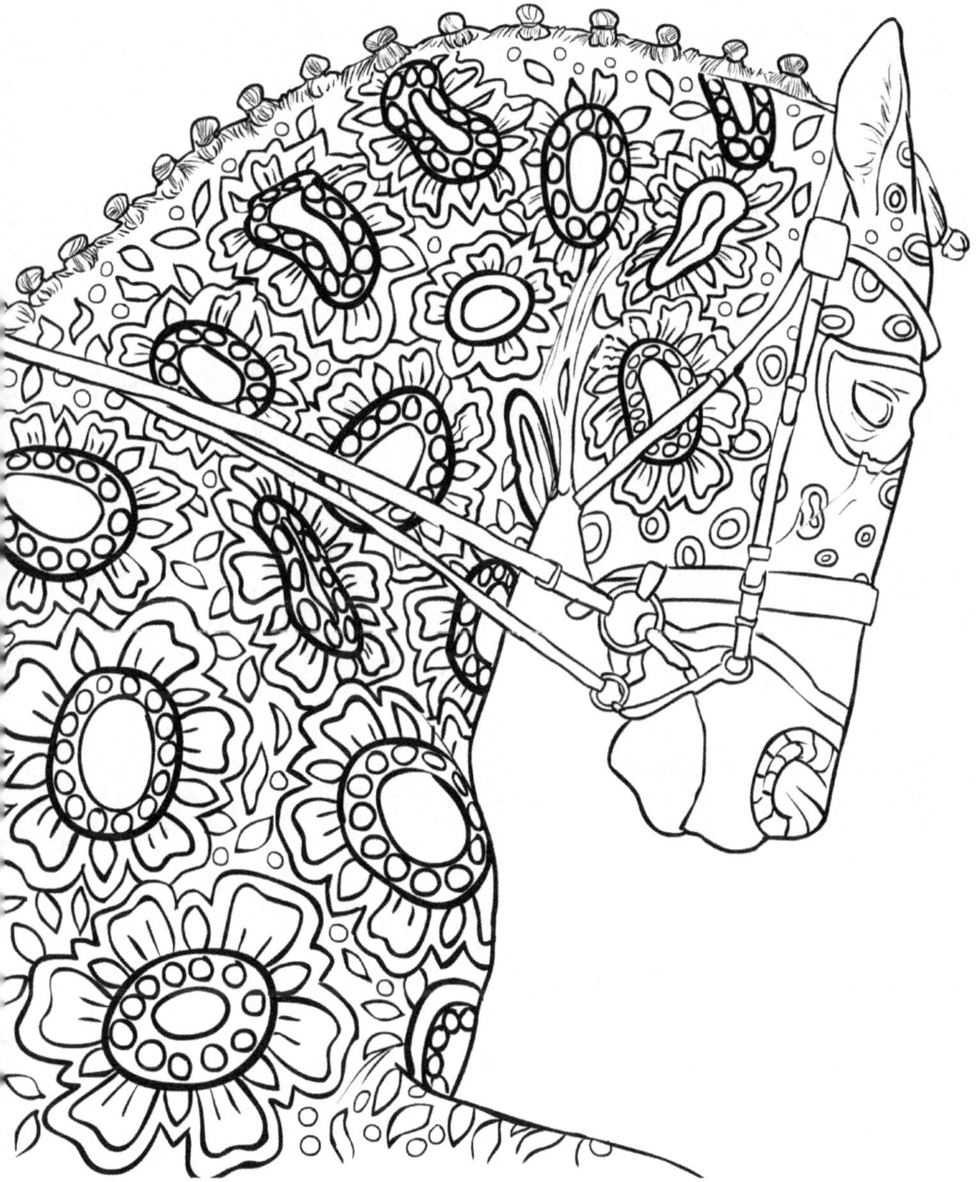

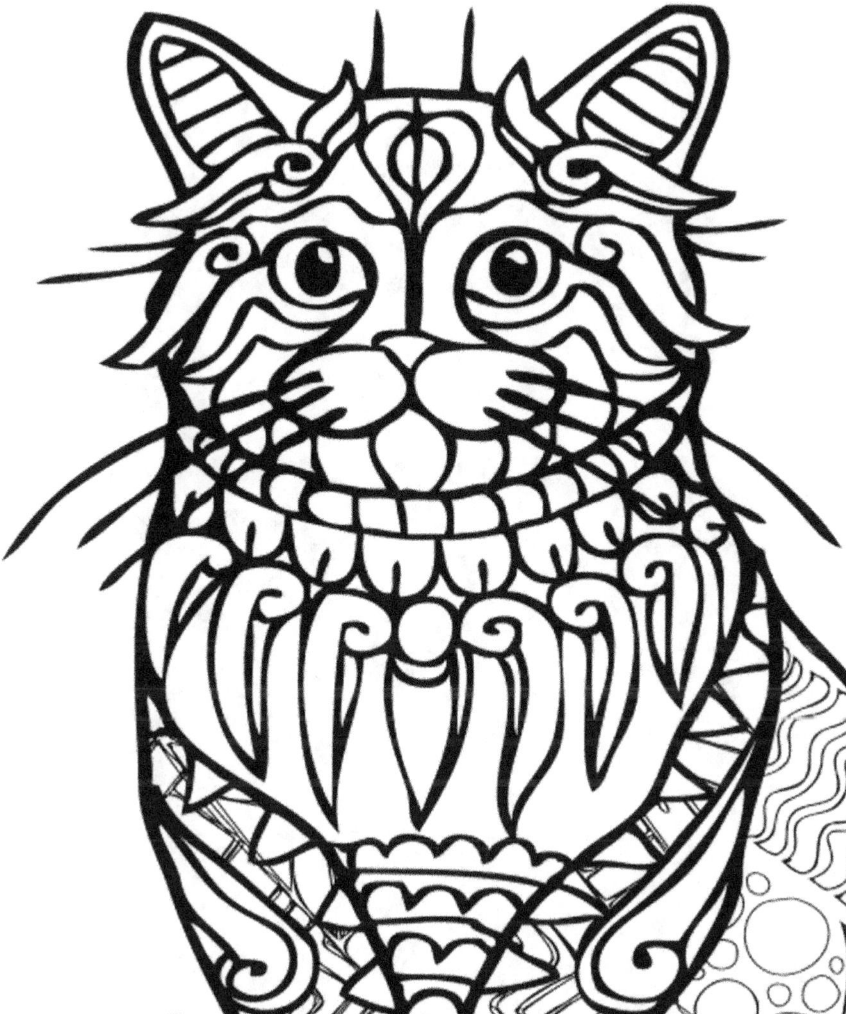

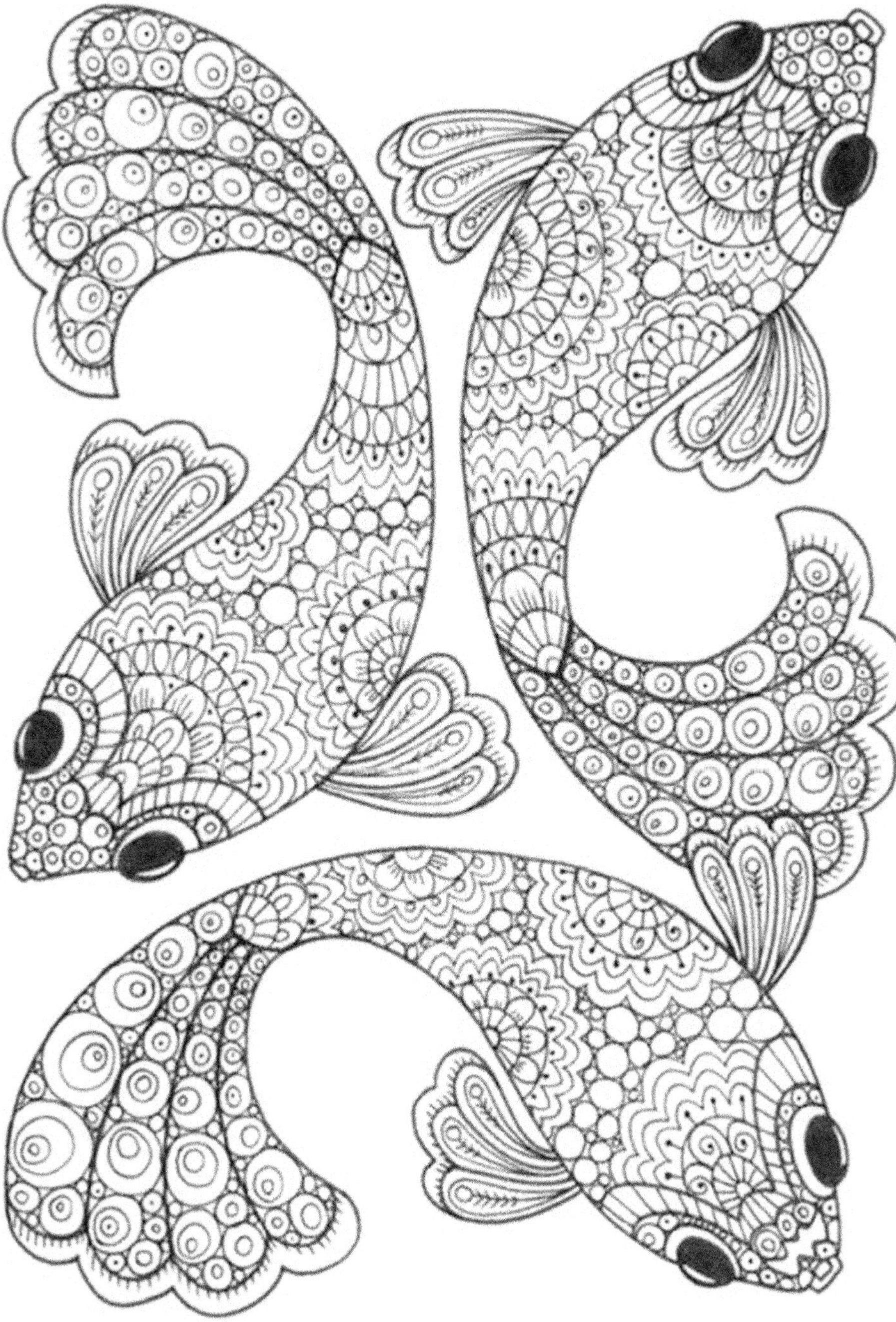

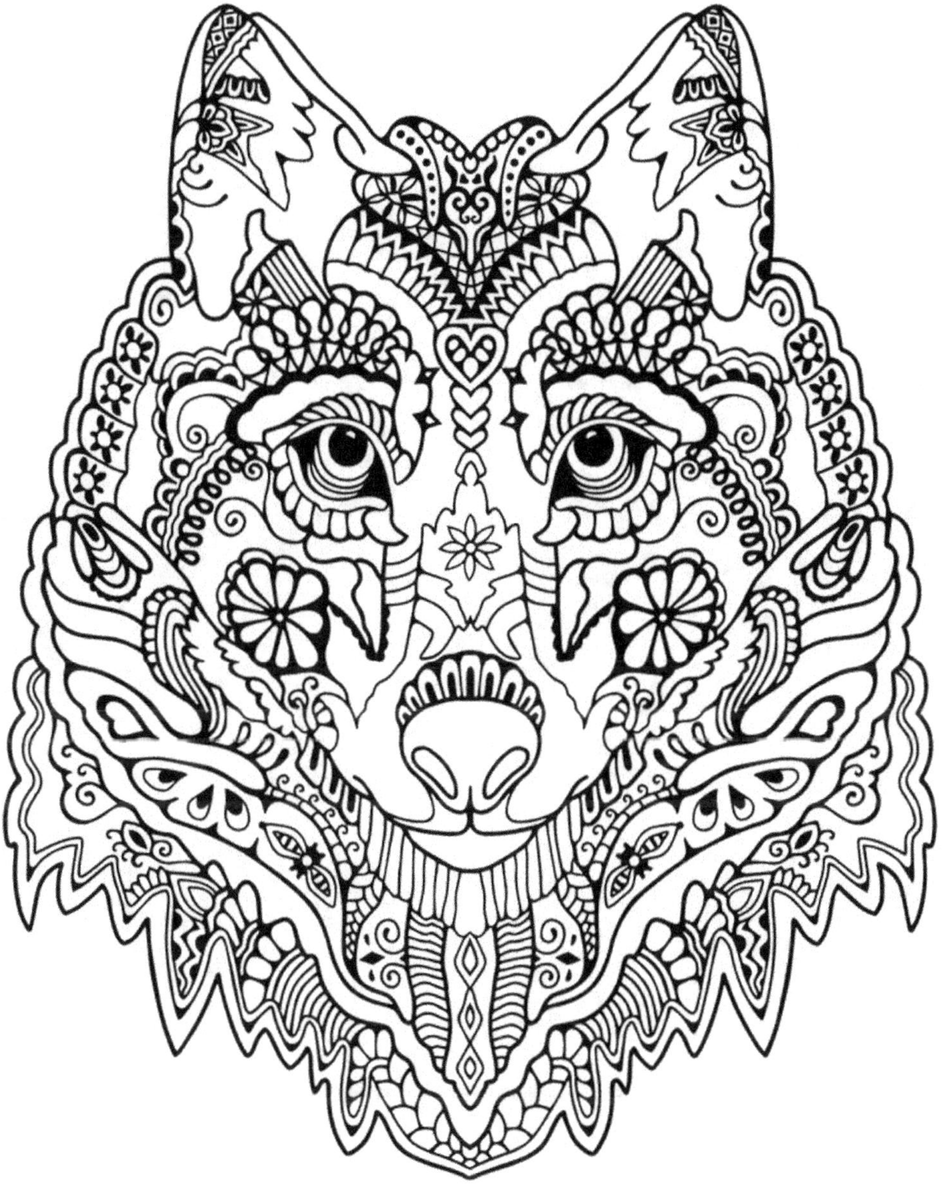

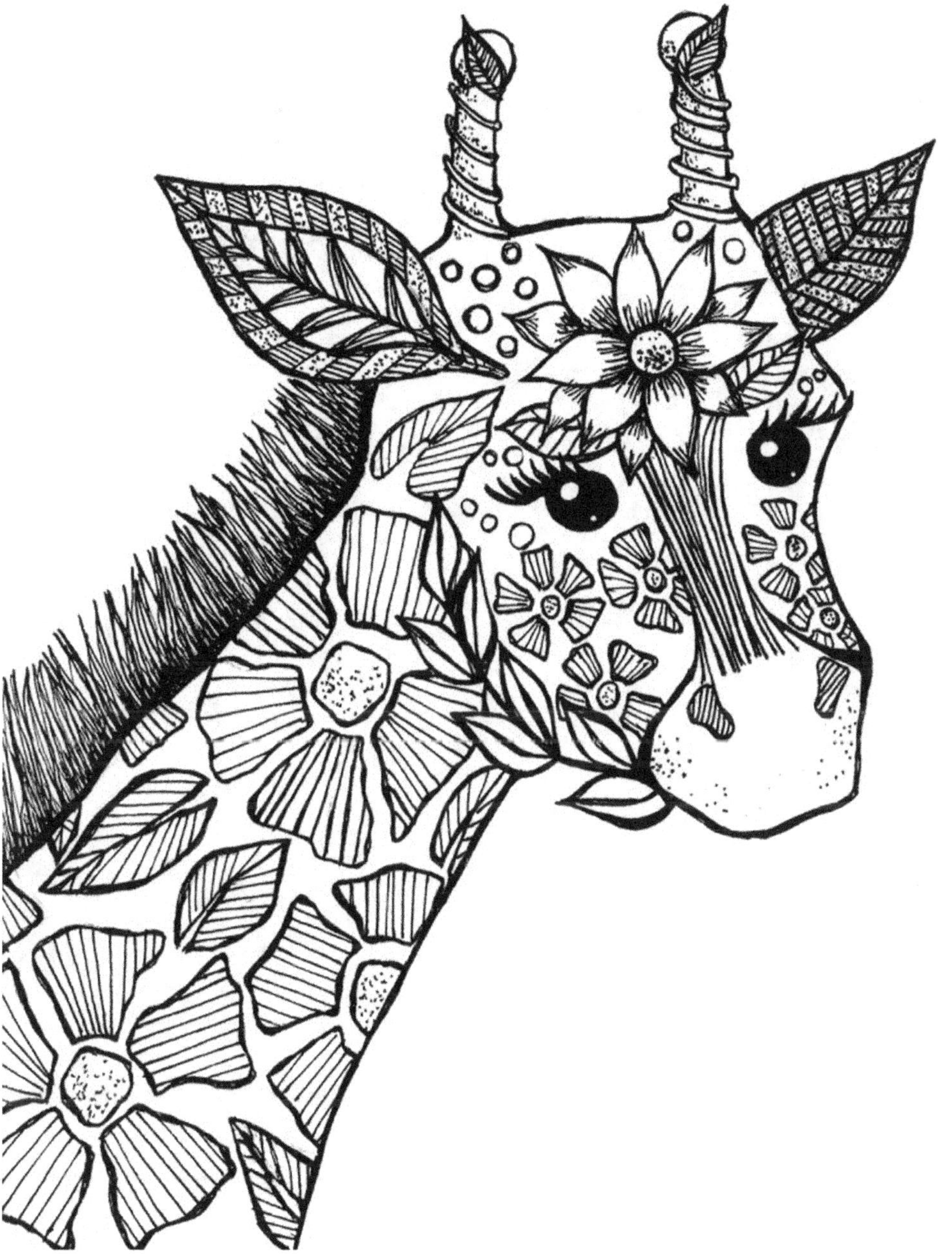

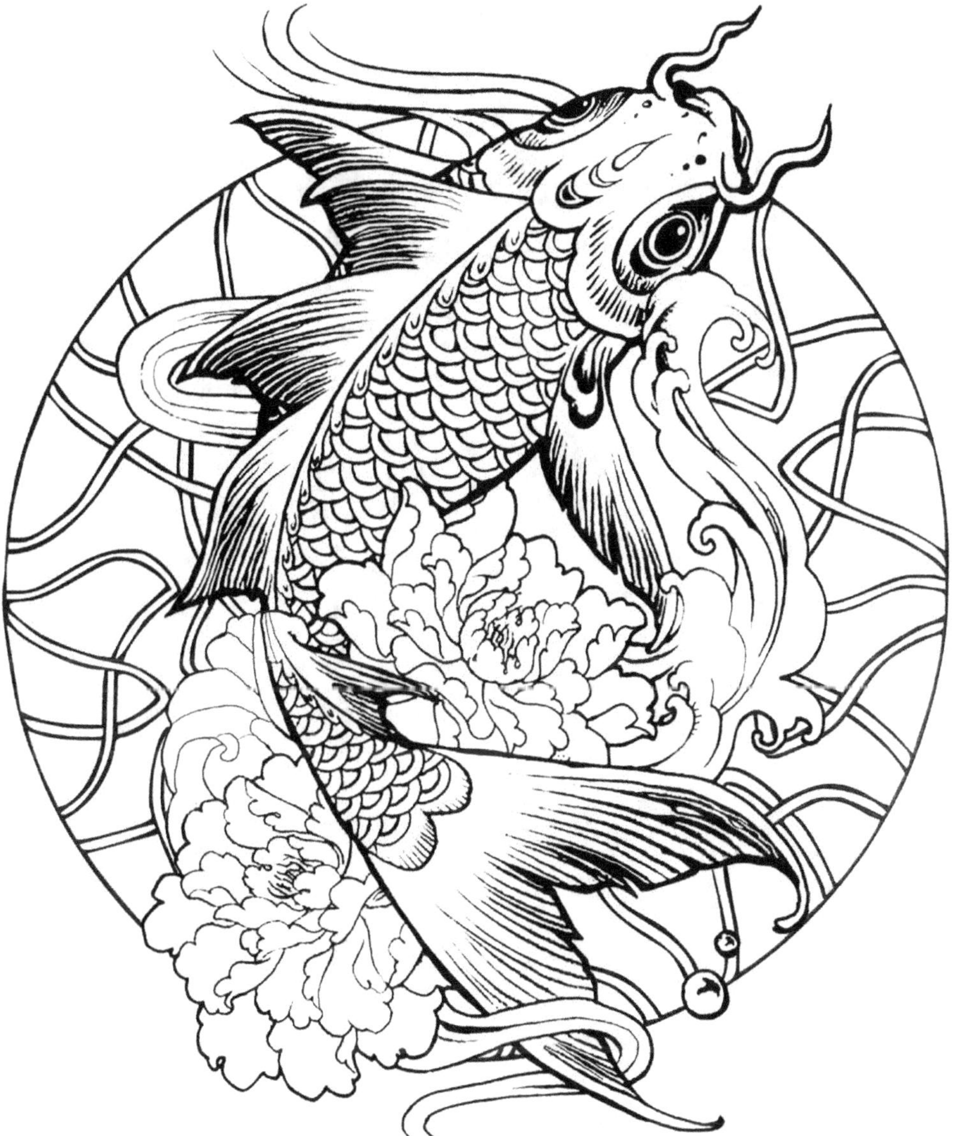

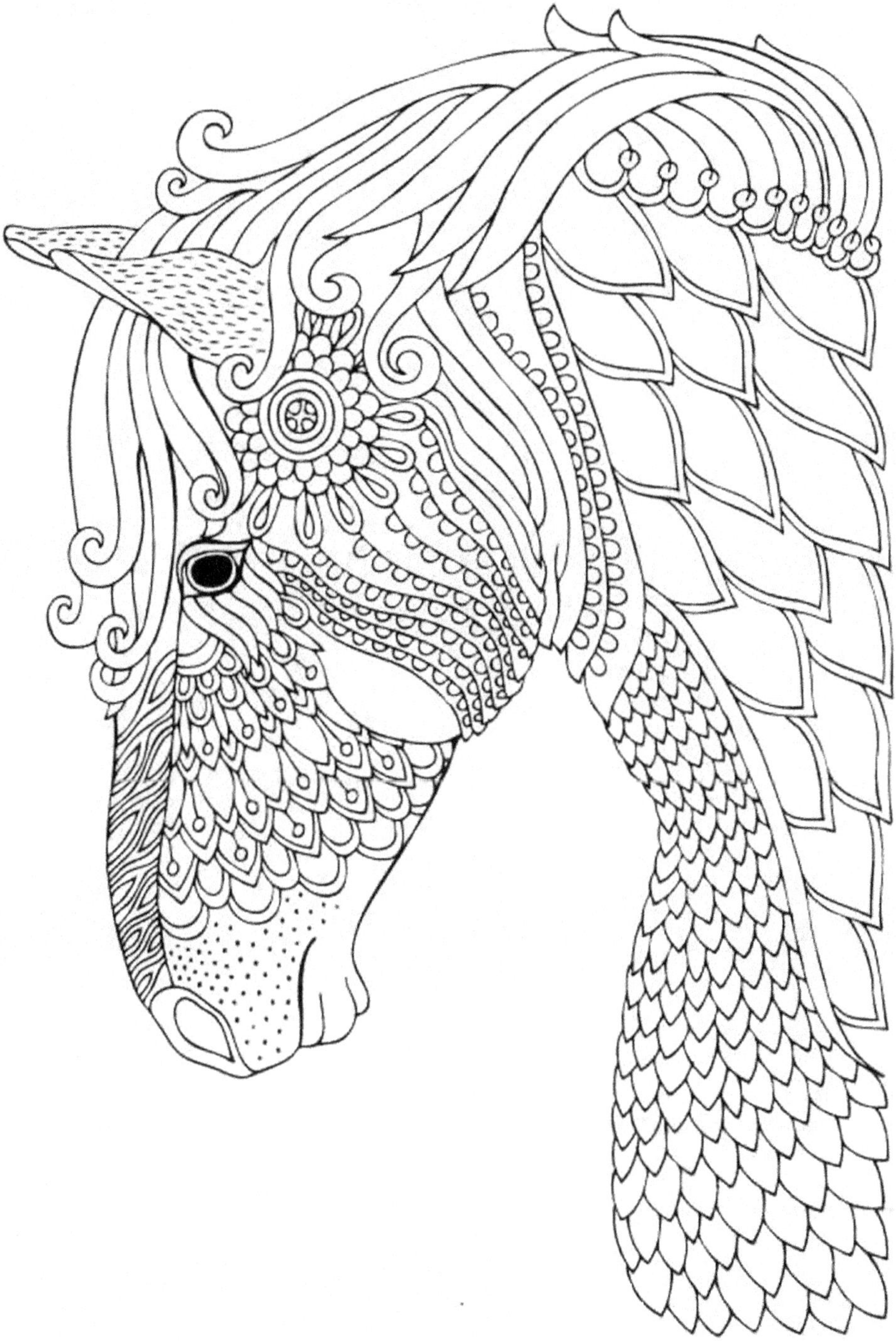

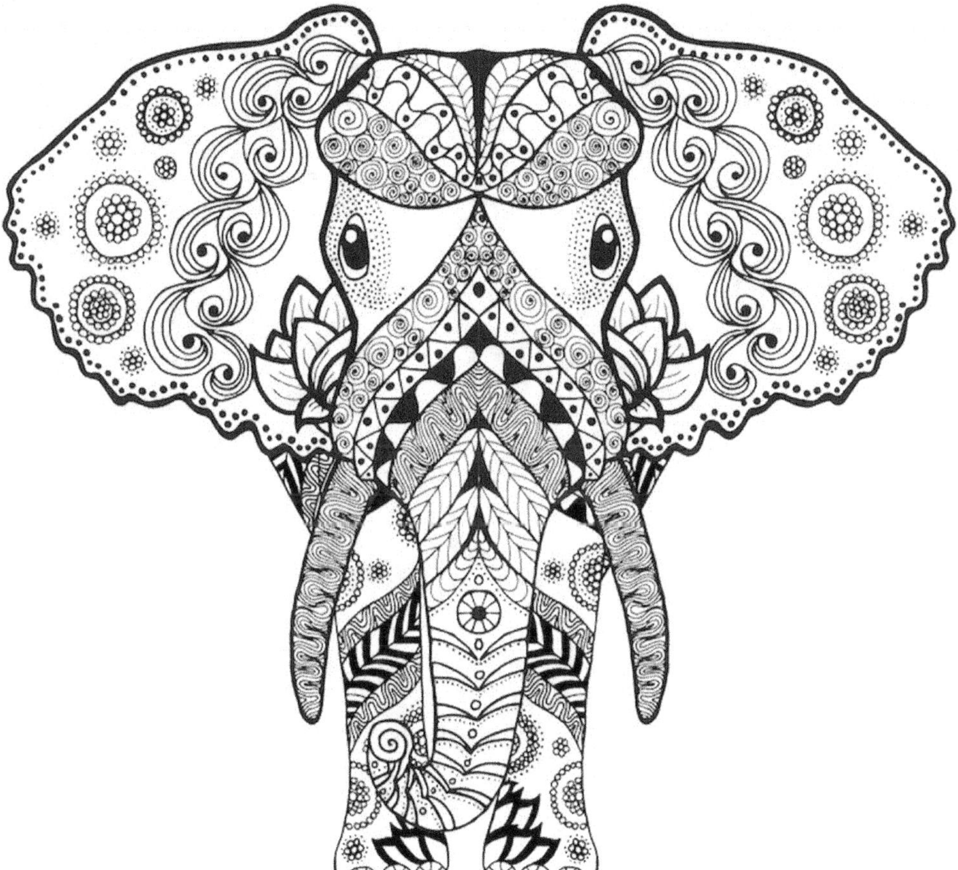

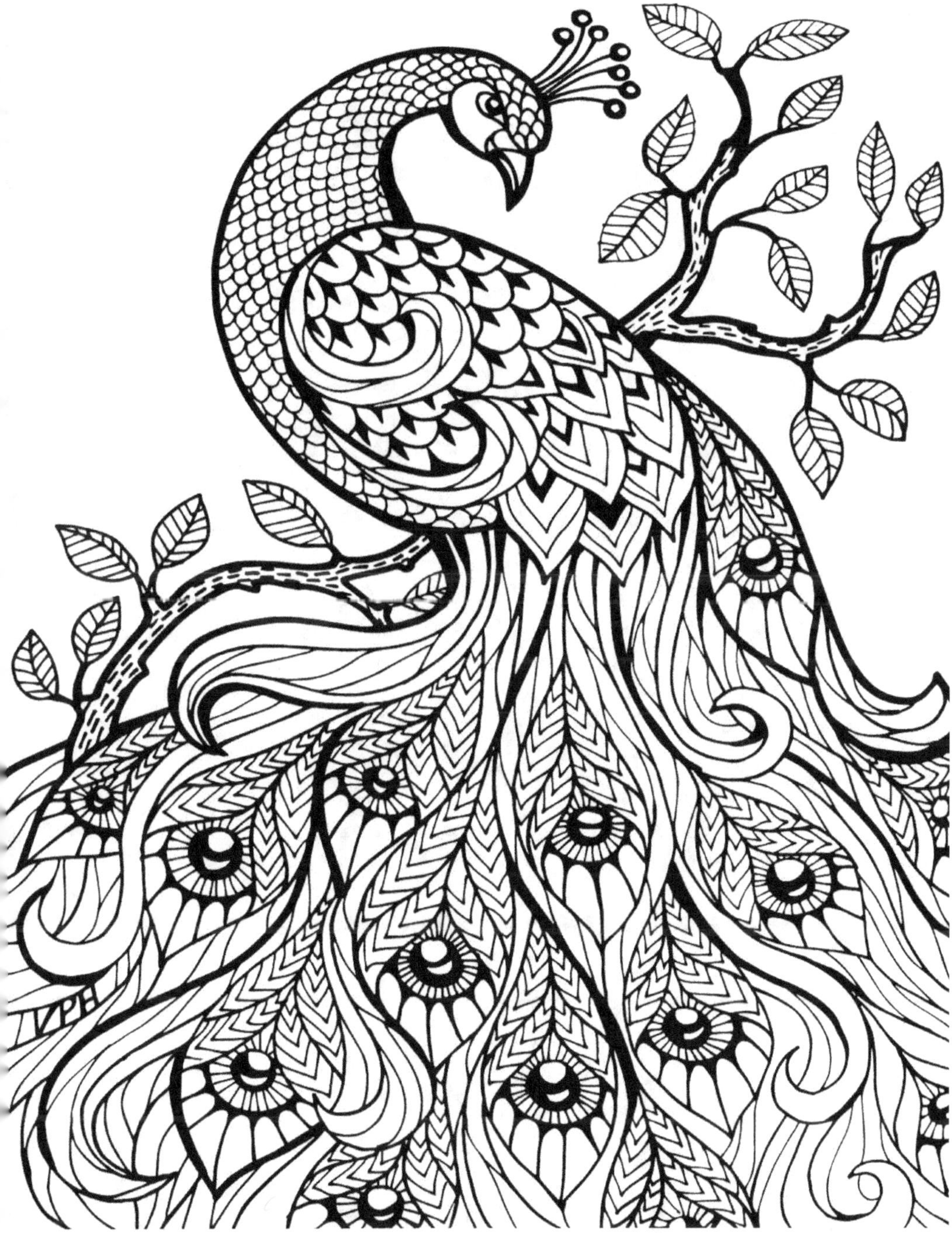
VPH